Allgegenwärtige Anwesenheit

Bleibe im Vertrauen.

DU BIST AUF
DEINEM
WEG GEFÜHRT.

Bitte

Sende deinen Wunsch zum Himmel.

DU BIST AUF
DEINEM
WEG GEFÜHRT.

Botschaft für dich

Du erhältst eine ganz persönliche Nachricht!

DU BIST AUF
DEINEM
WEG GEFÜHRT.

CHAKRAAUSGLEICH

Bringe deine Chakras in Einklang.

DU BIST AUF
DEINEM
WEG GEFÜHRT.

EMOTIONALEBENE

Deine Gefühle sind ein Spiegel deiner Gedanken.

DU BIST AUF
DEINEM
WEG GEFÜHRT.

Energieübertragung

Energie aus den höchsten Sphären strömt zu dir.

DU BIST AUF
DEINEM
WEG GEFÜHRT.

ESSENZ ALLEN SEINS

Schöpfe neue Kraft aus deiner Familienverbindung.

DU BIST AUF
DEINEM
WEG GEFÜHRT.

EWIGE VERBUNDENHEIT

Eine lichtvolle Seele wacht über dich.

DU BIST AUF
DEINEM
WEG GEFÜHRT.

GEISTIGE KRAFT

Deine Zeit ist gekommen!

DU BIST AUF
DEINEM
WEG GEFÜHRT.

Glaube

Was für dich vorgesehen ist, wird auch geschehen.

DU BIST AUF
DEINEM
WEG GEFÜHRT.

GOLDENES LICHT

Erwache im Licht der Engel.

DU BIST AUF
DEINEM
WEG GEFÜHRT.

Hand in Hand

Himmlische Unterstützung erreicht dich.

DU BIST AUF
DEINEM
WEG GEFÜHRT.

Himmlischer Impuls

Finde zu dir selbst.

DU BIST AUF
DEINEM
WEG GEFÜHRT.

Hoffnung

Gib nicht auf!

DU BIST AUF
WEINEM
WEG GEFÜHRT.

HÖCHSTE SPHÄRE

Du bist immer willkommen.

DU BIST AUF
DEINEM
WEG GEFÜHRT.

INNERES WISSEN
Verbinde dich mit deiner Seelenweisheit.

DU BIST AUF
DEINEM
WEG GEFÜHRT.

JA!

Die Antwort auf deine Frage ist Ja.

DU BIST AUF
DEINEM
WEG GEFÜHRT.

KÖRPER, GEIST & SEELE

Schaffe ein gesundes Gleichgewicht.

DU BIST AUF
DEINEM
WEG GEFÜHRT.

KRAFTFELDHEILUNG

Vereinte Kraft, wirke aus dem Licht!

DU BIST AUF
DEINEM
WEG GEFÜHRT.

KREATIVE LÖSUNGEN

Hilfe kommt manchmal von unerwarteter Seite.

DU BIST AUF
DEINEM
WEG GEFÜHRT.

LICHTSAMEN

Erschaffe dir eine lichtvolle Zukunft.

DU BIST AUF
DEINEM
WEG GEFÜHRT.

LICHTVOLLE HEILUNG

Heute geht etwas für dich in die Heilung.

DU BIST AUF
WEINEM
WEG GEFÜHRT.

NÄCHSTER ENTWICKLUNGSSCHRITT

Du bist auf deinem Weg geführt.

DU BIST AUF DEINEM WEG GEFÜHRT.

Neue Erde

Verändere die Welt.

DU BIST AUF
DEINEM
WEG GEFÜHRT.

PLAN DER SCHÖPFUNG

Schaue zum Ursprung.

DU BIST AUF DEINEM WEG GEFÜHRT.

PORTAL

Der Weg ist frei.

DU BIST AUF
DEINEM
WEG GEFÜHRT.

Ruf der Seele

Deine Seele kennt den Weg.

DU BIST AUF DEINEM WEG GEFÜHRT.

SCHÖPFERKRAFT

Deine Ideen wollen in die Welt!

DU BIST AUF
DEINEM
WEG GEFÜHRT.

SEELENFREUNDE

Jemand kommuniziert telepathisch mit dir.

DU BIST AUF
DEINEM
WEG GEFÜHRT.

Seelenspiegel

Du bist wunderschön.

DU BIST AUF
DEINEM
WEG GEFÜHRT.

SELBSTHEILUNGSKRAFT

Spüre und höre den inneren Heiler in dir!

DU BIST AUF
DEINEM
WEG GEFÜHRT.

SEQUENZ DER LIEBE

Du wirst über alle Maßen geliebt!

DU BIST AUF
DEINEM
WEG GEFÜHRT.

STÄRKE

Nimm die Herausforderungen des Lebens an.

DU BIST AUF
DEINEM
WEG GEFÜHRT.

TEMPEL DER SCHÖPFUNG

Ein Gruß aus der Lichtheimat erreicht dich.

DU BIST AUF
DEINEM
WEG GEFÜHRT.

TIEFERE SICHT

Die Antwort findest du in dir!

DU BIST AUF
DEINEM
WEG GEFÜHRT.

TRANSFORMIERENDE KRAFT

Wohltuende Veränderung tritt ein.

DU BIST AUF
WEG GEFÜHRT.
DEINEM

Traumdeutung

Die Antwort erscheint dir in deinen Träumen.

DU BIST AUF
DEINEM
WEG GEFÜHRT.

Ungeahnte Möglichkeiten

Eine neue Tür öffnet sich für dich.

DU BIST AUF
DEINEM
WEG GEFÜHRT.

URKLANG

Alles schwingt!

DU BIST AUF
DEINEM
WEG GEFÜHRT.

Wunder

Öffne heute dein Herz für ein Wunder!

DU BIST AUF
DEINEM
WEG GEFÜHRT.